1500.

QUESTIONS DU MOMENT

RÉPUBLIQUE — SUFFRAGE UNIVERSEL — MONARCHIE

LETTRES

A

M. ÉMILE DE GIRARDIN

ET A

M. HENRI DE LA ROCHEJAQUELEIN

PAR

JULIEN LEMER

Prix : 25 centimes.

PARIS

AU BUREAU DU *PROGRÈS, REVUE DÉMOCRATIQUE,*

RUE DU FAUBOURG-MONTMARTRE, 15;

CHEZ TOUS LES LIBRAIRES

ET A TOUS LES DÉPÔTS DE JOURNAUX.

1850

LA QUESTION DU MOMENT.

La République est-elle au-dessus du suffrage universel?

A M. ÉMILE DE GIRARDIN.

> « Quand chacun pourrait s'aliéner lui-même, il ne peut aliéner ses enfants : ils naissent hommes libres. Leur liberté leur appartient; nul n'a le droit d'en disposer qu'eux. »
>
> J.-J. ROUSSEAU, *Contrat social.*

> « Partout où la majorité est un droit qui s'exerce, la royauté n'est plus qu'un nom qui survit. »
>
> ÉMILE DE GIRARDIN.

> « Les fleuves courent se jeter dans la mer ; les monarchies vont se perdre dans le despotisme. »
>
> MONTESQUIEU, *Esprit des lois.*

Monsieur,

Nul plus que moi n'admire la loyauté et le talent que vous avez apportés dans l'expression et dans la défense de votre opinion sur la haute question de droit que vous appelez *la question du moment.*

Mais, quelles que soient mes tendances à accepter vos jugements, dans lesquels je suis habitué à trouver tant de puissance de raisonnement, tant de force de logique, il m'est impossible, cette fois, de partager votre sentiment sur l'étendue des droits de la majorité.

Permettez-moi de vous exposer en quelques mots les arguments sur lesquels s'appuie mon opinion.

La question, si je ne me trompe, a été posée en ces termes :

Le suffrage universel est-il au-dessus de la République?

Si la question s'arrêtait là, je répondrais, comme vous, sans hésiter: Oui !

Mais j'ajouterais : le suffrage universel est au-dessus de la République comme l'âme est au-dessus du corps, comme l'esprit est au-dessus de la lettre, comme le fond est au-dessus de la forme : c'est-à-dire qu'il en est inséparable.

A mon avis, il ne peut pas plus exister de suffrage universel sans République que d'âme sans corps, que d'esprit sans expression ou lettre, que de fond sans forme extérieure.

De même aussi, en renversant la proposition, il n'y a point de véritable République sans suffrage universel.

Passons maintenant au développement donné à la question par le second terme posé :

Le suffrage universel a-t-il le droit de rétablir la monarchie ?

Je n'examinerai point, ainsi que l'a fait la *Voix du Peuple*, la question de savoir si la République est, oui ou non, un progrès sur la monarchie. Je me bornerai à tâcher de définir ce qu'on entend par monarchie.

Sans m'arrêter à la définition de Montesquieu, qui appelle « gouvernement monarchique celui ou un seul gouverne, mais par des lois fixes et établies, » je prends le mot dans le sens le plus large donné à ce qu'on nomme la monarchie constitutionnelle.

Néanmoins, si constitutionnelle que soit cette monarchie, elle n'en a pas moins les trois caractères indispensables de toute monarchie :

L'hérédité,

L'inviolabilité, et, comme conséquence,

La stabilité.

Otez à la monarchie l'hérédité, et vous mettez la tranquillité de l'Etat à la merci de la balle, du poignard, ou de la machine infernale d'un assassin fanatique ou gagé.

Otez-lui l'inviolabilité, et, exposée chaque jour à se voir renverser par un coup de majorité, elle perd aussitôt la stabilité qui est aujourd'hui le seul prestige qu'elle ait encore aux yeux de la plupart des hommes qui désirent le rétablissement de cette forme de gouvernement.

Il est donc évident que la monarchie, pour être véritablement monarchique et offrir les garanties, illusoires à mon avis, que ses partisans espèrent d'elle, doit rester — héréditaire — et inviolable, si l'on veut qu'elle soit stable.

Mais alors, que faites-vous de ce principe si profondément vrai de J.-J. Rousseau, qui vous interdit d'aliéner à l'avance le droit de vos enfants?

Admettons un instant qu'en 1852 la France, consultée, déclare vouloir se soumettre à la forme monarchique, est-il dit qu'au moyen des 500,000 nouveaux citoyens qui seront entrés dans le corps électoral et des 3 ou 400,000 qui en seront sortis par la mort au 31 mars 1853, la France se composera encore d'une majorité monarchique ?

Pour rester dans la limite du droit, de la souveraineté du peuple, du suffrage universel, de la majorité, il sera donc indispensable de consulter de nouveau le corps électoral afin de savoir s'il entend garder la forme monarchique, sous peine de créer pour les 500,000 nouveaux électeurs ce terrible droit de l'insurrection, que nous tendons tous à faire disparaître du Code des peuples.

Est-ce ainsi que vous entendez la monarchie ?

Je suis très-certain, quant à moi, que ce n'est pas ainsi que l'entendent les royalistes qui se réjouissent tant aujourd'hui de votre argumentation.

Vous me répondrez peut-être à cela :

« Mais si nous n'avons pas le droit d'engager l'avenir dans la forme monarchique, nous n'avons point non plus le droit de le river à la forme républicaine. »

Pour réfuter cet argument, je n'ai qu'un mot à dire :

La forme républicaine implique la responsabilité directe de ceux à qui le souverain, le peuple, a délégué tout ou partie de ses pouvoirs ; il peut les révoquer, les juger, les condamner au besoin, s'ils se montrent incapables, impuissants ou coupables. Peut-il en faire autant d'un monarque inviolable ?

C'est en cela qu'on peut dire que la République n'est point la forme, mais bien l'essence même de la souveraineté du peuple.

Je dis plus : votre monarque responsable ou inviolable, héréditaire ou élu à temps, croyez-vous qu'il s'accommode longtemps de cette souveraineté du peuple, renouvelant son expression chaque année par de nouveaux mandataires, tenant sans cesse suspendue sur sa couronne cette épée de Damoclès de la résistance légale ou du refus de l'impôt ? Croyez-vous qu'avec les cinq cent mille baïonnettes, les cinq cent mille fonctionnaires et toutes les croix d'honneur dont il disposera plus efficacement encore, en raison de sa durée, que le président actuel, croyez-vous qu'il ne tentera point de corrompre, sinon de violer ce suffrage, son adversaire, son ennemi naturel ?

Je crois que vous avez trop de connaissance des hommes, et surtout de ceux qui, en leur qualité d'hommes d'Etat, font le cortége ordinaire des souverains, pour douter un instant que votre monarque soit perpétuellement poussé à l'usurpation ou à la corruption par les conseils les plus funestes, par les suggestions les plus perfides ; il est bien certain aussi qu'à cet égard le peuple le tiendra toujours en suspicion. Je vous rappellerai d'ailleurs le beau mot de Montesquieu : « Les fleuves courent se jeter dans la mer ; les monarchies vont se perdre dans le despotisme. »

Bien convaincu que votre opinion repose sur une confusion entre la question de droit et la question de fait, je dirai aussi quelques mots de cette dernière.

En fait, vous nous avez mis sous les yeux les chiffres des votants qui ont adhéré successivement à la Constitution de 1795, à celle de 1799 et à l'Empire.

Qu'est-ce que cela prouve ?

Que la France est, la plupart du temps, disposée à accepter les faits accomplis.

Si l'on avait consulté la France au mois de mars 1848 sur la question de forme, doutez-vous, quoi qu'en disent les royalistes aujourd'hui, qu'une immense majorité n'eût opté pour la République ?

Et pourtant, si elle eût été consultée un mois plus tôt, combien croyez-vous qu'il y eût eu de suffrages pour la forme républicaine ?

Pour moi, ce fait me prouve suffisamment que la nation, en possession de la République, si elle est consultée en 1852, répondra encore, en dépit de l'incapacité et du mauvais vouloir de nos gouvernants, qui semblent chercher à la dégoûter de la République, qu'elle aime mieux garder cette forme-là que de se lancer de nouveau dans les aventures monarchiques.

Mais supposons un instant qu'il n'en soit pas ainsi, et qu'elle déclare vouloir entrer en monarchie, qu'arrivera-t-il ?

Il importe que la France sache d'avance à quelles éventualités peut l'exposer une pareille question.

Il faudra mettre aux voix l'élection de trois candidats, en supposant toutefois que le droit divin consente à plier la tête, à abaisser sa couronne prétendue légitime sous les fourches caudines de la souveraineté du peuple, ce qui équivaudrait pour lui à une abdication définitive.

Croyez-vous que, dans de telles élections, auxquelles assurément les républicains refuseront de prendre part, un des candidats obtienne la majorité absolue de la nation ? Non, vous ne le pensez pas.

Eh bien ! admettez que le décompte des votes produise le résultat que voici :

PREMIER VOTE SUR LA QUESTION : *République ou monarchie?*

Nombre des votants.	8,000,000
Majorité absolue.	4,000,001
Monarchie.	4,500,000
République.	3,500,000

DEUXIÈME VOTE SUR LA QUESTION DES PRÉTENDANTS.

Nombre des votants.	4,500,000
Majorité absolue.	2,250,001
Branche aînée.	1,500,000
Branche cadette.	1,500,000
Famille Bonaparte.	1,500,000

Allons plus loin : qu'à un scrutin de ballottage, n'importe lequel des concurrents obtienne 3,000,000 de voix, il aura toujours contre lui les 1,500,000 partisans des deux autres dynasties, qui n'auront rien de plus pressé que de se réunir aux républicains pour semer d'obstacles la marche du gouvernement.

Non, monsieur, non, un retour quelconque de monarchie ne peut avoir lieu désormais par les voies de droit et en respectant le principe de la souveraineté du peuple ; il ne pourrait sortir que d'un fait violent, d'une de ces insurrections d'en haut, comme vous les appelez, qui restaurent le droit des insurrections d'en bas.

Si j'avais été ébranlé dans mon opinion par les nouveaux arguments que vous avez mis au service de la vôtre, je n'aurais pu que retremper ma conviction, et lui donner une nouvelle force, en relisant aujourd'hui, comme pendant à la *question du moment*, vos excellents articles sur la *question de l'avenir*, articles dans lesquels vous avez prouvé irrécusablement l'impossibilité de toutes les monarchies, et surtout leur incompatibilité absolue avec l'exercice du suffrage universel.

Voici en particulier ce que vous dites de la monarchie constitutionnelle :

« Ce système, mis trois fois à l'épreuve, a été condamné trois fois
« par l'expérience ; il a coûté la vie au roi Louis XVI ; il a coûté le
« trône au roi Charles X ; il a coûté le pouvoir au roi Louis-Philippe.
« Trois fois l'inviolabilité royale a été violée, sans qu'une seule fois
« elle fût protégée par la responsabilité ministérielle. Trois fois il a suffi

« que la réalité apparût pour que la fiction s'évanouît. C'est un sys-
« tème définitivement jugé, quant à la France, et quiconque entre-
« prendrait de l'y restaurer prouverait seulement qu'il est doué de l'o-
« piniâtreté la plus aveugle et la plus téméraire. »

Vous l'avez dit, monsieur, et vous avez bien raison : « Partout où la majorité est un droit qui s'exerce, la royauté n'est plus qu'un nom qui survit. »

Or, je vous le demande, qu'avons-nous besoin de ces noms, de ces mots sans signification qui ont été si funestes à la France? Non, non, plus de fictions, plus d'illusions ; la vérité, la logique, le gouvernement rationnel, c'est là ce qu'il nous faut.

Or, il n'y a de logiques que deux formes de gouvernement :

La royauté du droit divin avec ce qui s'ensuit ;

La souveraineté du peuple avec la République ;

Quant à moi, mon choix est fait.

Vous avez assez prouvé que le vôtre est fait aussi.

Agréez, monsieur, l'assurance de mes sentiments distingués,

Julien Lemer.

RÉPUBLIQUE OU MONARCHIE.

A M. HENRI DE LA ROCHEJAQUELEIN.

Si la royauté telle que nous l'avons vue en France n'avait jamais existé, son impossibilité paraîtrait évidente. Quand on réfléchit à l'idée de confier à la volonté d'un seul la destinée de tous, on sent qu'il ne lui manque que d'être neuve pour paraître absurde.

BENJAMIN CONSTANT.

Monsieur,

De toutes les vertus, celle que j'estime, celle que j'honore le plus dans les hommes politiques, c'est la loyauté ; vertu bien rare, hélas ! par le temps qui court et par les hommes d'Etat qui se mêlent de gouvernement !

Cette sympathie irrésistible que j'éprouve pour tout ce qui me paraît loyal, même quand il s'agit d'actes et d'idées opposés à mes opinions, a dû naturellement se sentir éveillée à la lecture de la proposition que vous avez faite à l'Assemblée législative de soumettre à la décision du suffrage universel et de la souveraineté du peuple la grande question du moment, qui se traduit par ces deux termes :

République ou Monarchie ?

Ce n'est pas, croyez-le bien, que je me sois fait, plus que vous, un seul instant illusion sur la constitutionnalité de votre projet.

Mais l'Assemblée à laquelle vous vous adressiez vous avait donné, sous ce rapport, tant d'exemples susceptibles d'être invoqués comme précédents, qu'en vérité vous aviez bien le droit de ne pas concevoir de grands scrupules.

En réfléchissant un peu à tout ce que la majorité a revêtu de la sanction constitutionnelle,

L'expédition de Rome;

La conduite de ministres qui résistent à un ordre du jour flétrissant leur politique;

Les lois consacrées à comprimer les libertés proclamées par la Constitution;

La loi de l'enseignement;

Etc., etc., etc.

Vous étiez autorisé à croire qu'elle possédait en elle une puissance *constitutionnalisante* capable de *constitutionnaliser*, au besoin, le système gouvernemental de notre bon ami le tzar lui-même.

Ce n'était pas non plus que la proposition me parût fondée en droit naturel, politique et social, moi qui crois, ainsi que je viens de l'établir dans ma lettre à M. Emile de Girardin, que les majorités n'ont, en aucun cas et en aucune façon, le droit de substituer à la forme républicaine la forme monarchique.

Pour moi, République et suffrage universel sont deux formules adéquates du grand principe de la souveraineté du peuple. Aucun des deux ne peut être mis au-dessus de l'autre. Car, si, d'un côté, prétendre que le suffrage universel est au-dessus de la République, c'est confesser que les majorités auraient le droit de restaurer la monarchie, — de l'autre, mettre la République au-dessus du suffrage universel, ce serait presque conférer à un gouvernement de forme républicaine le droit de modifier, de restreindre le suffrage universel, comme certaines gens ont aujourd'hui la prétention de le faire. Or, — ceci soit dit en passant à M. le colonel de Lespinasse, — il est de droit, non pas seulement constitutionnel, mais de ce droit antérieur à tous autres, au moins pour tout homme qui a du bon sens, qu'il ne peut être apporté à la loi électorale aucune modification qui aurait pour effet d'enlever à des citoyens, qui ont déjà voté, leur droit de suffrage. Ne serait-ce pas, de la part des mandataires, se rendre coupables du plus violent abus du mandat que de s'en servir pour destituer une partie de leurs mandants?

Ce n'est pas non plus que je fusse tout à fait sans crainte sur les conséquences terribles qu'aurait pu avoir pour le pays l'application de votre système d'appel au peuple.

Mais, enfin, je me disais : Voici au moins un honnête homme qui a honte de cette triste comédie républicaine que jouent aux dépens de la France les trois partis monarchiques dont se compose la majorité.

Il pense qu'il est temps de savoir définitivement si le peuple a bien réellement eu l'intention, en nommant, aux élections du 13 mai, des royalistes et des bonapartistes, de donner à cette élection une signification monarchique, ou si, par hasard, il ne se serait pas naïvement laissé induire en erreur par ce titre de républicains honnêtes et modérés sous lequel tant de royalistes se sont déguisés avant leur nomination.

A ce point de vue, moi, républicain, qui regarde la Constitution comme une garantie d'ordre et comme une mine dont sortiront des trésors de progrès pacifiques, le jour où l'on voudra se donner la peine de les en extraire, moi qui, par conséquent, aurais été opposé à l'idée de l'expérience que vous prétendiez faire faire, je ne pouvais cependant m'empêcher d'avoir pour votre proposition cette sympathie que tout acte de loyauté inspire à un cœur droit soulevé d'indignation par le spectacle des basses intrigues des partis.

Telles étaient les dispositions de mon esprit, lorsque j'ai lu la brochure dans laquelle vous avez cru devoir présenter la défense de cette fameuse proposition.

Cette lecture ne m'a rien appris de nouveau; elle témoigne hautement de votre amour, de votre dévouement et de votre excès de zèle pour la monarchie que vous appelez légitime; mais, permettez-moi de vous le dire, si elle répond aux objections de vos coreligionnaires politiques, qui vous ont taxé d'imprudence, elle ne réfute ni ne prévient aucun des arguments des gens qui regardent la souveraineté du peuple comme le principe, la base, l'âme, pour ainsi dire, de nos institutions présentes et à venir.

Vous vous êtes placé dans un dilemme, à mon avis, fort embarrassant :

Ou vous reconnaissez le principe de cette souveraineté, ou vous ne le reconnaissez pas.

Si vous ne le reconnaissez pas, à quoi bon appeler le peuple à choisir la forme de gouvernement qui lui convient le mieux ?

Si vous le reconnaissez, ce qui paraît vraisemblable, puisque vous l'invoquez, puisque vous l'appelez à votre aide, vous ne pouvez en nier la conséquence la plus logique, la plus évidente, conséquence qui est posée elle-même à l'état d'axiome et se résume en ces termes :

La souveraineté du peuple ne peut abdiquer.

Car, en supposant que la souveraineté d'aujourd'hui pût abdiquer pour son propre compte, elle n'aurait pas le droit d'abdiquer pour le compte de la souveraineté de l'année prochaine qui se composera d'autres individus, et encore moins pour le compte des générations suivantes.

En outre, ce droit populaire, du moment que vous lui faites appel, vous ne pouvez pas le scinder ; c'est-à-dire, demander au peuple aujourd'hui : Voulez-vous la République ou la monarchie? et si, par impossible, il vous répondait monarchie, lui dire : Cela suffit, rentrez chez vous, soyez bien sages, nous allons appeler notre jeune roi et faire vos affaires *per sœcula sœculorum.*

Il vous répondrait avec raison : Puisque j'ai choisi ma forme de gouvernement, puisque j'ai décidé que je déléguerais le soin de mes affaires à un homme, à une famille, c'est bien le moins que je choisisse l'homme, la famille que je veux charger de mon mandat. En bonne conscience, vous auriez fort mauvaise grâce à lui refuser cette satisfaction.

Vous voyez bien que derrière votre première question : République ou monarchie? il s'en présenterait toujours une seconde, si le malheur voulait que les choses tournassent suivant votre désir ; quelle monarchie? faudrait-il demander au peuple.

Je sais bien que pour vous et pour votre parti il n'existe qu'une seule monarchie, vraie, légitime, réellement monarchique ; mais, malheureusement pour vous et heureusement pour la République, tous les autres partis monarchiques en pensent chacun autant de la sienne, et ces partis ne manquent pas çà et là d'adhérents dans les quatre-vingt-six départements de la France, adhérents, croyez-le bien, qui ont encore plus d'antipathie pour votre monarchie que pour notre République, que pourtant ils n'aiment guère.

C'est en vain que vous chercherez à leur prouver que votre royauté est la meilleure de toutes ; vous devez savoir, par expérience, combien les partis monarchiques sont entêtés, qu'ils aient pour principe le culte d'un prétendu droit national, le culte des intérêts matériels, ou le fétichisme d'un nom glorieux.

Quant au stratagème qui aurait consisté à prendre au mot ce bon peuple souverain et à tirer de son vote monarchique cette conclusion :

« Qui dit monarchie, dit légitimité ; or, tu as voté pour une mo-
« narchie, donc tu veux la légitimité, »

Ce stratagème, je suis bien convaincu que vous n'auriez pas voulu l'employer ; votre loyauté m'en est un sûr garant : tout au moins vous auriez prévenu à l'avance *le souverain* de la signification qui devait être attachée à son vote. Ce n'est certes pas vous qui auriez consenti à refaire, au profit de votre prince, ce que Louis-Philippe avait fait pour lui-même, à escamoter la couronne et les libertés du peuple, comme dit Chateaubriand.

Cette question de droit vidée, entrons un peu dans le domaine des faits, et laissons, s'il se peut, de côté l'esprit de parti.

De bonne foi, monsieur de la Rochejaquelein, croyez-vous que le peuple français, à peine en possession de sa majorité, soit bien disposé à se remettre sous la tutelle d'une monarchie?

Aujourd'hui, majeur, le peuple ne peut être destitué de la gestion de ses affaires que par une interdiction, ou la nomination d'un conseil judiciaire. Pensez-vous qu'il prête les mains à de pareilles mesures coercitives?

Tel a bien pu être, je le sais, l'espoir de certains hommes qui siégent d'un certain côté de l'Assemblée.

« Faisons mal, très-mal les affaires du pays, ont-ils pensé ; le pays se dira : Mes affaires vont encore plus mal depuis que je me mêle de les faire moi-même que quand j'en chargeais un individu ; revenons à ce vieux système. »

Vous conviendrez que les faits autorisent bien une pareille supposition. Mais il y a, à cette combinaison, une petite difficulté. Comment s'y prendre pour prouver au peuple qu'il fait ses affaires lui-même depuis dix-huit mois ?

Il est encore un point qui manque de clarté, dans votre brochure, Monsieur. Vous ne nous dites point ce que vous comptez faire pour l'avenir du suffrage universel. La chose vaut la peine qu'on y songe. Je ne fais nul doute, quant à moi, qu'il n'est jamais entré dans vos vues de l'escamoter. Il serait toutefois bon de s'entendre à cet égard, et de savoir si le même suffrage universel, qui aurait instauré votre roi en 1851, ne pourrait pas le destituer, à sa prochaine manifestation, c'est-à-dire en 1853 ou 1854, le destituer, en lui envoyant une chambre qui lui refuserait tout simplement de voter l'impôt.

Vous voyez bien que c'est encore là une grosse question, comme dit M. Dupin.

Hélas! Monsieur, je crois bien que les vœux de votre cœur et vos convictions consciencieuses ont égaré votre opinion sur la nature véritable des sentiments du pays. La France, en supposant même, ce que je suis loin de croire, qu'elle fût, en majorité, monarchique par ses mœurs, par ses colères, par ses terreurs, par ses rancunes d'intérêts froissés, n'est et ne sera plus légitimiste. Demandez-le à la Normandie, demandez-le à la Picardie, demandez-le à la Flandre, demandez-le à la Lorraine, à l'Alsace, à la Franche-Comté, à la Bourgogne, au

Nivernais, à la Touraine, à l'Angoumois, à la Saintonge, à la Gas-
cogne, au Lyonnais, à l'Auvergne et à toute une bonne moitié des
provinces méridionales.

Ce qu'on redoute dans votre parti, c'est moins le principe que les
hommes, moins la légitimité que les légitimistes.

Quel état faites-vous, vous-mêmes, de ce qui s'appellerait, le len-
demain d'une restauration, les légitimistes de la veille, et viendrait
quêter sa part de la curée des places et des honneurs? Ne voyez-vous
pas d'ici sortir de leurs vieux châteaux où ils sont restés depuis vingt
ans, cloîtrés comme des hiboux, des légions de vieux fidèles qui ont
vu la révolution et l'esprit du siècle du fond de leurs manoirs et à
travers les interprétations de la *Quotidienne*, de la *Gazette* et de la
Mode, venir à Paris réclamer le prix de leur patiente inaction et de
leur ignorante fidélité? Feriez-vous de ces héroïques gentilshommes qui
ont poussé le dévouement jusqu'à lire régulièrement d'un bout à l'autre
tous les jours la *Gazette* ou la *Quotidienne*, une troupe de mécon-
tents, ou bien leur confieriez-vous les premiers postes de l'État, ainsi
que la restauration eut grand tort de le faire, lorsqu'elle improvisa gé-
néraux, officiers supérieurs de la marine, ingénieurs, etc., des hommes
qui n'avaient d'autre science que leur fidélité à toute épreuve?

Et les légitimistes de la veille qu'on peut appeler militants, que ne
devrait-on pas faire pour eux, quelque peu de confiance qu'on eût en
leurs capacités. Ce serait une curée de fonctions et une révolution de
fonctionnaires à compromettre et à perdre le gouvernement le plus
solidement établi, à plus forte raison à faire crouler un trône à peine
assis sur les ruines encore fumantes d'une République mal éteinte.

Je sais bien que votre parti nous a répété pendant dix-huit ans que
les leçons du passé n'étaient pas perdues pour lui, que désormais il
n'oublierait plus rien et qu'il était en train de tout apprendre. Que ne
nous a-t-il pas dit de son amour éternel pour toutes nos libertés !

Mais, en vérité, si les bonnes gens ont pu, pendant un certain
temps, se faire quelques illusions à cet égard, elles doivent être bien
déçues aujourd'hui.

Hélas ! ils l'ont trop montré, depuis qu'ils ont été mis en demeure
de faire quelque chose pour la liberté, depuis qu'ils ont exercé sur la
marche de nos affaires, au législatif et à l'exécutif, une mystérieuse
influence cousue de fil blanc; — ces libertés qu'ils affectaient de dé-
fendre sous le règne de Louis-Philippe, ils ne les voulaient que pour
eux. Est-il une seule mesure liberticide pour laquelle ils n'aient pas
voté presque en masse? Non contents de cela, ils ont eux-mêmes pris

part, dans les commissions parlementaires et ailleurs, à la rédaction des lois les plus antilibérales, qu'ils se sont parfois aussi empressés de provoquer. Qu'ont-ils fait de la liberté de la presse, de la liberté de réunion, de la liberté d'enseignement, de la liberté des cultes, si ardemment défendues par eux naguère?

Voyant ce qu'ils font quand ils n'ont qu'un tiers du pouvoir, que doit-on penser qu'ils feraient s'ils avaient le pouvoir tout entier.

M. Berryer, qui protestait si vivement, au mois de juin 1832, dans sa lettre à Chateaubriand, contre la mesure illégale qui tendait à le soustraire à ses juges naturels pour le livrer à une commission militaire, dans une ville en état de siége, M. Berryer s'est-il levé pour protester contre une illégalité exactement semblable exercée récemment par le gouvernement envers le parent de Pierre Leroux? Non. Je ne sais pas même s'il n'a pas voté l'ordre du jour sur les interpellations de l'honorable représentant.

Le gouvernement sous lequel nous vivons est destiné à faire tomber bien des illusions, bien des prestiges ; nous lui devrons d'avoir détruit ainsi le fétichisme des grands noms et des grands partis, d'avoir amené la France, de déception en déception, à ne plus croire ni aux hommes ni aux coteries, à ne placer sa confiance, désormais, que dans les idées.

C'est peut-être de cette transformation que sortira la solution de ce grand problème de conciliation que les petits hommes des grands partis cherchent vainement à résoudre.

Pour mon compte, je l'espère.

N'entendez-vous pas, d'ailleurs, cette grande voix du doyen de la légitimité qui sort providentiellement du tombeau comme un prophétique commentaire des faits qui s'accomplissent sous nos yeux? Que votre parti la maudisse, s'il veut, cette voix qui a tant fait pour appuyer votre monarchie décrépite sur la liberté, seule base qui pût lui permettre de retarder de quelques années encore son écroulement ; mais, au lieu de la maudire, il ferait mieux d'écouter ses leçons et de renoncer à servir, par de petites intrigues inquiétantes pour le pays, un principe de souveraineté royale qui a été bien irrémissiblement détrôné par la souveraineté du peuple.

Je sais, Monsieur, que la plupart des reproches que j'ai adressés à votre parti ne doivent pas vous toucher. La meilleure preuve que vous avez eu le courage et la loyauté de vous tenir en dehors de ces intrigues, c'est l'isolement dans lequel vos prétendus amis politiques vous ont laissé, le jour où vous tentiez votre coup de dés de désespoir en faveur de votre jeune prince. Vous les connaissez assez pour ne pas douter que, dans le cas où le coup aurait réussi, ils n'auraient rien épargné pour vous en contester le mérite.

Quant à nous, républicains, nous sommes moins ingrats que vos champions monarchiques. Convaincu qu'en dévoilant la faiblesse d'une majorité qui n'a pas le courage de voter tout haut et publiquement ce qu'elle dit tout bas et dans les coulisses du théâtre parlementaire, — qu'en la forçant de consacrer par un vote ce principe constitutionnel : que la République ne peut pas être mise en question ; — convaincu, dis-je, que vous avez ainsi rendu un immense service à nos institutions et à nos idées, je suis heureux de faire ici, au nom des républicains, qui, j'en suis bien sûr, ne me désavouront pas, la déclaration suivante :

M. Henri de La Rochejaquelein a bien mérité de la République !

Veuillez agréer, Monsieur, l'assurance de mes sentiments distingués,

Julien Lemer.

(Extrait du Progrès, revue démocratique.)

Imprimerie Gerdès, rue Saint-Germain-des-Prés, 10, à Paris.